LE PORTRAICT DE LA VILLE ET CITADELLE DV HAVRE DE GRACE

AVEC LES ADVANTAGES DE son Port & de ses Rades.

PRESENTÉ A MONSEIGNEVR LE DVC DE S[T] AGNAN SON GOVVERNEVR.

M. DC. LXVII.

A MONSEIGNEVR LE DVC DE S^{T} AGNAN.

MONSEIGNEVR,

Tous ceux qui aiment quelque ſuiet digne de leur paßion ſe plaiſent ou d'en parler ou d'en voir le Portrait, quand la neceßité de leurs affaires les oblige de s'en éloigner. C'eſt pourquoy j'ay creu vous rendre un agreable ſeruice de vous adreſſer à la Cour ce portrait que i'ay tiray ſur une creature qui vous eſt tres-chere, & dont la garde que l'on vous a confiée marque les aſſeurances que toute la France a de voſtre fidelité.

Ce n'eſt pas que ie n'aye bien iugé qu'un ſi riche travail eſtoit beaucoup au deſſus de mes forces, puis que de tous les Peintres du temps d'Alexandre le Grand, il n'eſtoit permis qu'à un ſeul Zeuxis d'en tirer le viſage: mais si mon pinceau n'est pas assez delicat pour vn si beau Chef d'œuvre, au moins ma plume sera plus tolerable de vous en dire les loüanges, afin que pendant le sejour que vous faites aupres du Roy, vous luy fassiez connoistre ses merites, & que la qualité de fille d'vn grand Roy comme elle est, merite bien toutes les graces que sa Majesté luy veut faire: car enfin elle est fille de France, & cessant les obstacles de la Loy Salique la Couronne luy appartenoit.

Mais elle n'est point jalouse de ce qu'elle a changé de main, au contraire toute son ambition se porte à la maintenir dedans la mesme race qui l'auoit portée comme la sienne: & c'est pour ce sujet qu'elle s'est fait bastir vne Citadelle imprenable, de peur d'estre surprise, & pour mettre comme en depost toute sa fidelité qui luy seroit encore suspecte si elle n'estoit entre vos mains.

Apuyez donc, s'il vous plaist (MONSEIGNEVR) *ses interests, puis que les vostres sont les siens; Et faites que l'Original reçoive les mesmes embellissemens que ie donne à sa peinture, afin qu'estant dans sa derniere perfection, elle se puisse nommer encor avec plus de raison, Le Havre de Grace, qui cependant en reconnoissance de toutes les graces qu'il a dé-ja receuës de vostre bonté, ne peut vous rendre que des vœux pour obtenir du Ciel autant de benedictions que vous en souhaitte,*

MONSEIGNEVR,

Vostre tres-humble & tres-obeïssant serviteur
GODEFROY DE NIPIVILLE.

LE PORTRAIT DE LA VILLE & Citadelle du Havre de Grace.

SI Salomon fut estimé le plus sage de tous les hommes, nous pouuons dire aussi assurément qu'il fut le plus riche de tous les Roys, & quoy que l'Escriture ne parle point auec tant d'eloge de ses richesses; Il est neantmoins probable qu'il estoit aussi riche que sage, puisque la Reyne de Saba tomba comme en extase quand elle entendit non seulement les merueilles qui sortoient de sa bouche: mais encor quand elle vit toute la pompe & la magnificence de sa Cour. Ah! s'écria cette Princesse que ceux qui sont nez vos sujets sont heureux, & plus heureux encor ceux qui ont l'honneur de seruir vôtre Majesté pour en écouter la Sagesse, & auoir quelque part à sa gloire; qu'à iamais vôtre Dieu soit beny de vous auoir assis dessus son Thrône pour estre vn Roy donné de sa main.

C'est pourquoy lors que la mesme Escriture fait vn dénombrement de toutes ses richesses, elle les auilit pour les faire estimer d'auantage: car en disant que les saumons d'argent estoient restés dans les ruës de Ierusalem comme des monceaux de pierres qui n'auoient point esté mis en œuures, elle fait inferer de là que leur prix & leur valeur estoient inestimables.

Si est-ce que le fond qui fournissoit tant de tresors, ne deuoit point estre inépuisable, puis que le plus grand reuenu de ses mines d'Ophir ne luy rapportoit tous les ans que six cens soixante & six talens d'or : mais la sagesse qui le vouloit faire aussi riche que sage, luy fit découurir des moyens & des mines d'or & d'argét pour le rendre le plus riche Prince de toute la terre. Ce fut par la quãtité des presens qu'il receuoit des Princes ses voisins, auec lesquels il auoit Alliance; C'estoit par le Commerce qu'il entretenoit inuiolablement auec les Nations les plus esloignées : c'estoit enfin par ses Vaisseaux & ses Flotes qu'il enuoyoit aux pays estrangers, & qui luy rapportoient de trois ans en trois ans tant d'or & tant d'argent, qu'il en fut rebuté lors que ce grand chef-d'œuvre de ses mains, cét Auguste Tẽple fut acheué. Ce fut donc par ce moyen qu'il trouua la pierre Philosophale pour trouuer les moyens d'entretenir toutes les magnifiques dépenses qu'il faisoit. Car pour soulager ses sujets il fit transporter ses Domaines & ses Doüanes jusques au bout du monde, pour luy en rapporter tout ce qui se trouua de plus precieux. Ainsi la sagesse & la richesse combattoient par émulation à qui des deux rendroit son regne, ou plus riche ou plus fleurissant.

Sur vn si beau modelle tant de Royaumes, & tant de Republiques se sont enrichies que depuis quelques Siecles. L'Espagne a troué ses tresors dans le Perou, l'Angleterre dans les Moluques, & la Hollande dans le Bresil, pendant que la France demeuroit seule les bras morts à regarder ces Nations qui partageoient à toutes mains les plus riches dépoüilles du monde : lors qu'il a plû à Dieu d'illuminer nôtre Monarque pour prendre part à ces Conquestes, & sur ce haut dessein son Sage & fidelle Ministre a troué les moyens d'établir l'Illustre Compagnie des Indes Orientales, dont le

progrez

progrez va causer des effets aussi grāds que ceux de ce beau Fleuue qui sort du Paradis terrestre, & qui par quatre diuers Canaux vient arrouser autant des plus riches contrées de la terre : Car cette Compagnie composée des quatre principaux corps du Royaume, en fera richement subsister autant par quatre differens emplois : L'Eglise y receura des dignitez conformes à son Ministere pour employer son zele à la propagation de la foy : La Noblesse & la Iustice y auront les mesmes employs dignes de leur naissance & de leur profession : Les Marchands y feront des fortunes, & le manœuure aussi bien que le mercenaire s'enrichiront du gain de leurs salaires : de sorte que cette feconde mere produira tant d'enfans, qu'elle en fera des colonies pour aller conquerir & peupler les pays estrangers.

Mais comme vn grand dessein, demande vn grand genie à l'entreprendre : Celuy-cy s'est executé par les soins & par la conduite de nostre Ministre, qui pour accommoder les dispositions à leur sujet à fait visiter tous les Ports depuis les Costes de Bretagne iusques en Picardie, dont pas vn ne s'est trouué propre pour l'entier establissement de ce Commerce, que nostre Havre de Grace. C'est pourquoy de l'aduis de ces grands Ingenieurs qui en auoient fait la visite, l'on a fixé le dessein & fait arrester au Conseil que l'on y feroit la dépense, iusqu'à l'entiere perfection de ses trauaux.

De tous ceux qui viuoient dans le Paganisme, les Romains & les Grecs qui pensoient estre les plus éclairez, n'entreprenoient iamais aucune affaire d'importance, que sous des signes fauorables à leurs desseins, & des dispositions qu'ils iugeoient propres à leurs entreprises.

Romulus ne choisit la situation de Rome, que sous l'auspice de douze Vautours, & son inaccessible Capitole ne fut fondé qu'au lieu mesme, où se trouua le crane d'vn homme pour signe que cette forteresse seroit vn iour la maistresse du monde, comme le crane est la partie dominante des autres membres.

Constantin ne choisit aussi le port de Bisance que pour sa situation, & ne voulut rien faire qu'il n'eut pris jour exprés, qu'on luy dit estre heureux pour ouurir la terre à commencer les fondemens de cette grande ville qui porte encor auiourd'huy son nom.

Et le grand Alexandre tout heureux qu'il estoit ne fit point bastir sa ville d'Alexandrie qu'apres en auoir sagement consideré l'assiette sous des signes aussi propices que sa situation, & son dessein meritoient de la faire grande; & s'il s'opiniastra si fort à la prise de Tyr, ce ne fut point par crainte de perdre le tiltre de Conquerant du monde, mais bien pour la commodité du Port dont il projectoit faire vn lieu d'assemblée, & vn magazin à ses Armées de mer & de terre.

C'estoient donc les deux principales circonstances des entreprises de ces Anciens, que la disposition des choses necessaires à leur dessein, & l'approbation du Ciel par ses signes: C'est pourquoy ie ne doute point que de pareilles conionctures ont fait incliner le Conseil du Roy à choisir le Havre de Grace, pour en faire vne place d'Armes à ses Armées Nauales, & vn magazin pour les Vaisseaux de cette Royale Compagnie.

Ce n'est pas que ie vueille dire que cét illustre proiet se soit entrepris sous les ridicules obseruations de ces ceremonies Payennes: Mais que par vn effect particulier de la Prouidence, toutes les marques & toutes les circonstances qui peuuent rendre vne ville à souhait pour la nauigation, & pour ce grand dessein se sont rencontrées fauorables au Port & aux Rades du Havre de Grace: Car si nous voulons faire tout valoir en sa faueur qui doute que ce beau nom du Havre de

Grace, estoit dé-ja le pronostic asseuré de ce bon-heur.

Mais pour mieux iuger de tous ses aduantages, il faut remonter iusqu'au temps de Iules Cesar, puisque son Histoire mesme nous apprend que pour faire la Conqueste d'Angleterre, il y fit l'assemblée de ses Vaisseaux, & les vieils restes que nous voyons encor nous font assez connoistre que la rade du Hoc est cét ancien Port d'icy, que tous les Geographes ont tant de peine à trouuer dans nos Costes : Mais le temps qui mange l'Histoire, comme la Mer à fait la ville, & le Port, nous en a seulement laissé quelques ruynes sur lesquelles plus de huict cens ans apres, les Anglois y sont venus se fortifier pour fauoriser leurs descentes, quãd ils estoient maistres de cette Prouince, & qu'ils disputoient iniustement la Couronne de ce Royaume: de sorte que toute cette Coste n'estoit qu'vn grand abord, où les Vaisseaux battus des vents & de la Mer venoient asseurément se mettre à couuert.

Ce fut donc cét abry, ce fut la situation de ce beau riuage qui donnerent le dessein au Roy François premier d'y faire bastir cette Ville qu'il appella Françoise, & pour la bonté de son Port, le Havre de Grace: comme si tous les autres eussent esté particulierement sujets aux infortunes de la Mer, & que toutes ses graces & ses faueurs deuoient estre reseruées pour celuy-ci.

En effect sa situation est telle que iamais son emboucheure ne s'est renduë complice d'aucun naufrage, & si quelquesfois l'ignorance des Pilotes, où la maigre eau fait échoüer vn Vaisseau, pour si peu de secours qu'on luy donne le corps, & la marchandise sont bien-tost sauuées.

Mais pour la mettre en son iour, disons qu'à son Soleil levant, elle a la longue & vaste entrée de la riuiere de Seine, dont le cours est enclos entre deux rangées de Montagnes, qui luy seruent comme de bornes pour se répandre plus serrée dans la mer: elle regarde en son midy le mesme canal de la Seine, qui s'estend au long & au large depuis la ville d'Honfleur iusques au Cap de Touques, & son couchant est ouuert au grand Ocean qui vient en passant par son Port recueillir les eaux de la riuiere, lesquelles pendant qu'il monte se retiennent comme par respect plus de trois heures dans leur plain, pour donner autant de loisir aux Vaisseaux qui s'apprestent d'entrer ou de sortir dans le mesme temps.

Et c'est ce qui cause cette Verhoule admirable qui est inconnuë aux autres Ports: Verhoule qui dure autant que le redoublement de quatre marées, pendant que la sienne seule se passe, & qui retient encor son plain, lors que les autres Ports de la mesme Coste sont à deux tiers de basse-eau: mais le plus grand secret, est que son cours qui vient du haut de la riuiere va de droit fil contre celuy de l'Ocean, qui pour luy faire place s'écarte plus au large, afin d'insinuer ses flots iusques deuant Roüen, desquels soit par mystere ou par reconnoissance elle attend le retour pour reprendre sa queuë quand il remeine sa marée du costé d'Occident: ainsi l'on iugeroit que ce sont complimés que la mer & la riuiere se font toutefois & quantes que la mer la vient visiter.

Que si la mer & la riuiere par cette vnion mysterieuse rendent le Port si fauorable; la terre ne contribuë pas moins à son aduantage, parce que du costé du Nord elle oppose vne longue trainée de Montagnes qui depuis le Cap de la Heue se tiennent de main en main iusques au haut pays, & par l'abry qu'elles font à tout ce riuage, empeschent que les vents d'Amont ne fassent sentir les mesmes bourasques qui rauagent le reste de la Coste, laquelle estant exposée à ces vents ne peut donner aucun refuge aux Vaisseaux qui en sont battus que le Port & les rades de ce Havre.

Outre ces deux considerables dispositions de la nature que

le bon

le bon Roy son fondateur sçeut bien reconnoistre pour la seureté des Vaisseaux, sa situation à l'entrée de la plus belle riuiere de son Royaume, son assiette imprenable, & la guerre qu'il auoit sur les bras luy en firent faire vn rempart contre l'Anglois, & vn Port d'assemblée aussi bien pour ses Vaisseaux de guerre, comme pour ceux de ses Marchands.

Car peu de temps apres il y fit armer cent Vaisseaux sous la conduite de l'Admiral d'Annebaut, & pour marque asseurée de la bonté des rades, il y fit passer du Leuant la plus grande partie de ses Galeres qui s'y moüillerent autant de temps que son Armée Nauałle: soit donc que l'on considere le Port où les moüillages, l'vn & l'autre est vn Havre de Grace à toutes sortes de Vaisseaux.

L'on en vit encor des preuues plus certaines, quand ces grandes Caraques d'Espagne de l'Armée inuincible de Philippe II. s'y refugierent, parce que dans leur déroute la pluspart de ces monstrueux Vaisseaux qui ne craignoient que les bancs & la terre, ne peurent trouuer de retraite plus asseurée que le Port & les Rades de cette Ville; si bien que de tout temps elles seruoient de refuge aussi bien pour les Vaisseaux poussez de la tempeste, comme pour d'autres qui dedans leur mesroute, ou par faute de Rades, ou de connoissance à ces costes ferrées venoient de toutes parts s'y retirer en seureté.

Aussi de tous les Ports que ce grand Ministre du Roy deffunt choisit pour faire vn lieu d'assemblée à son Armée Nauałle du Ponant, il prit le mesme Port comme par preciput à seruir à ses hauts desseins, & pour le mieux mettre à couuert des surprises de l'Estranger, il y fit bastir vne Citadelle des plus belles de l'Europe, & creuser vn bassin capable d'y receuoir plus de cinquante Vaisseaux de guerre, dont quelque temps apres il en fit sortir trente pour passer au Leuant, & se joindre au reste de l'Armée; enfin pour le dernier eloge de ce Port il suffira de dire qu'il en est plus sorty de Vaisseaux & de Flotes que de tout le reste des Ports du Royaume.

C'est pourquoy ces Messieurs qui luy ont donné la preference des autres pour l'establissement du Commerce des Indes Orientales, ont rendu la justice non seulement à la bonté de son Port & de ses Rades : mais encor à la scituation qui se trouue naturellement disposée pour ce dessein. Car ainsi que Cadix est le Port le plus renommé d'Espagne, où l'on equipe les Galions pour les grandes Indes : le Haure seruira pour le mesme effet aux Vaisseaux de la Compagnie. Cadix reçoit toutes les Marchandises qui luy viennent de Seville par la riuiere de Guadalquiuir, & le Haure recueillira celles que Paris luy fera descendre par la riuiere de Seine. Cadix enfin reçoit toute la Plate pour la renuoyer à Seville, & le Haure deschargera toute la Flote pour en faire porter les Marchandises à Paris. Ainsi la France aura ses Indes de mesme que l'Espagne à les siennes, & Paris aura pareillement son Haure, de mesme que Seville à son Cadix. Mais comme le temps & la mer sont deux ennemis de la nature qui trauaillent incessamment à la destruire, & que si le temps deuore de sa part, la mer ne mange pas moins de la sienne : C'est ce qui a causé tout le dommage qui s'est fait dans ce Port, & qui s'est encor acrû d'auantage depuis que l'on y eut faict bastir vn moulin dont l'vtilité particuliere apportoit vn grand prejudice à la generale, parce que pour entretenir son cours on laissoit tarir celuy du canal qui se remplissoit de galet faute de retenir & lascher les barres à propos. Ah que les Rois & les grands Seigneurs sont à plaindre de laisser mesnager leurs affaires par l'interest de leurs Officiers.

Car cette mesme Lesine laissa remplir de vazes & de boüe

ce beau baſſin qui n'eſtoit fait que pour ſeruir de reſeruoir aux vaiſſeaux de ſa Majeſté dans lequel neantmoins ſous pretexte encor de quelque menage l'on donnoit le paſſage auſſi libre au peſcheur que pour le Nauire de guerre ; quoy que pourtant il ſembloit auoir quelque rapport à ces Cirtes de la coſte de Lybie, leſquels par les tours & deſtours de leurs marées, attirent les vaiſſeaux qui paſſent pour les faire eſchoüer ſur les ſables, ſoit donc que ce baſſin fuſt tel, ou pluſtoſt que ſon fond fuſt d'vne terre vicieuſe qui ne ſe pouuoit détacher du vaiſſeau ſans ſolution de la partie, ou que quelque remore qui arreſte les plus grands vaiſſeaux au milieu de leur courſe ſe fuſt attaché ſous leurs Quilles: Iamais aucun vaiſſeau n'en pouuoit ſortir ſans y laiſſer quelque eſquille de ſa coſſe, tant cét eſchoüage eſtoit faſcheux, quoy que l'entrée en fuſt la plus belle du monde.

Tous ces deſordres neantmoins que le temps & la negligence ont cauſés, ſont beaucoup moindres que ceux que la mer y apporte tous les iours : C'eſt vn ennemy remuant & qui ſe rend d'autant plus violent qu'il trouue moins de reſiſtance : car apres auoir renuerſé la digue de la Heue qu'on luy auoit expres oppoſée pour repouſſer ſes premiers coups elle s'eſt deſchargée de fureur ſur le plus grand epy des perrez qu'elle a ſi furieuſement chamaillé, que les pieces, & le debris en ſont venus à la coſte, comme des marques de ſa victoire.

Cette furieuſe a paſſé plus outre, & pareille à vn torrent qui entraiſne auec luy, bois, maiſons, ponts & chauſſées quand vne fois il a rompu les premiers obſtacles qui s'oppoſoient à ſon courant : elle a tout emporté dedans ſa fougue, autant de fois qu'elle l'a deſchargée ſur les autres epys, de maniere que pour laiſſer paſſer ſa fureur, il n'y auoit point d'autre remede que de n'y en point apporter, & d'attendre que la bonace adoucist peu à peu son courroux pour remener tout doucement ses flots, escumans de colere dans le vaste & large sein de l'Ocean : ainsi pour remettre en estat tout ce débris, il eust esté besoin d'y faire vne dépence Royale plustost que des reparations que l'Espargne & l'incommodité d'vne maison de ville accablée de ses propres debtes pouuoit faire dans cette conioncture.

C'est pourquoy tant d'irruptions coup sur coup arriuées ont ruiné la plus grande partie des epys, & comblé tellement de galet ceux qui restent entiers que pour si peu que les vents de Soüest, d'Oüest, & de Noroest soufflent, le port en est incontinent bouché, ce qui fait que pas vn vaisseau ny peut entrer sans peril de toucher ou de rester eschoüé sur le banc qui s'y fait de iour en autre.

Ce n'est pas que l'on ne trauaille incessamment à le déboucher, soit en laschant les barres ou par coruées de pionnage qui fatiguent plus les habitans que la garde continuelle qu'ils font volontairement : mais toutes ces eaux coulent inutilement, & toutes ces peines se trouuent perdues à cause que le mal est bien plus grand que le remede que l'on y apporte.

Il faut donc aller à la cause, & comme les sages Medecins suiuent tousiours les indications de la nature pour mieux ordonner du remede à la maladie, de mesme vn habile homme doit sagement reconnoistre d'où viennent les defauts que la nature souffre pour en reparer le dommage.

Il est certain que depuis que la ville est bastie la Coste n'a point changé, que l'esclat estoit abismé, comme il est, & que les Rades estoient couuertes des mesmes bancs que nous remarquons encor auiourd'huy : mais on s'apperçoit bien que la pointe de la Heue est racourcie de plus de deux cens pas à cause que les vagues qui luy sappent le pied font souuent crouler ſes falaiſes, dont la cheute eſt la ſource inepuiſable de tous ces perrez.

Ce qui eſt ſi probable que les caillous meſmes qui tombent de cette falaize le font voir par vne couleur noire qu'ils ont toute particuliere, & quoy qu'il s'en trouue bien autant d'vne autre ſorte, toute cette quantité neantmoins n'en pourroit pas faire de ſi grands monceaux, n'eſtoit que les vents de Noroeſt, & de Nord accompagnez d'vne forte marée, pouſſent & roulent deuant eux, tout ce qu'ils en trouuent d'amaſſé du meſme coſté de la Heue : ce qui fait tout à coup tellement groſſir ces perrez que les epys s'en gorgent, & reſpandent le reſte dans le port.

Voilà ſans doute la cauſe du mal qui fait tout le deſordre que l'on ſouffre depuis ſi long temps, & quoy que cette meſme cauſe agiſt dés le commencement de la ville, ſes effects neantmoins eſtoient aneantis par l'oppoſition de la digue de la Heue : outre qu'à prendre en droicte ligne depuis la pointe de ce Cap qui ſe prolongeoit encor plus de deux cens pas dans la mer, iuſques au muſoir qui fait la teſte de ce Port, il eſt aiſé de remarquer qu'il y auoit vne grande anſe dans laquelle tous ces Perrés demeuroient arreſtez & rangez le long de la terre, à cauſe d'vn remoüil de la marée qui eſtoit rompuë par cette digue, laquelle eſtant enfin abbatuë par l'impetuoſité de la Mer, à donné le paſſage aux vents & aux marées pour venir plus ouuertement rauager toute cette Coſte : Ce qui ſe voit à l'œil autant par la ruine de la falaize, comme par le peu de perré qui reſte depuis cette pointe, iuſques au premier epy : parce que le vent & la marée qui viennent de droit fil le long de cette anſe pouſſent & roulent tout ce qu'ils trouuent de perré, pour le ietter ſur les autres epys qui ſont beaucoup plus auancez vers la mer que le premier, leſquels enfin en ayans pris leur charge font paſſer de main en main le reste insques au de là du Port.

Et c'est apparemment ce qui a fait augmenter le nombre des epys, & joindre de nouueaux couples à ceux qui estoient des-ja faits, tant pour empescher l'irruption que la mer pouuoit faire dans le marais, cóme pour aider à retenir la grande quantité de perré qui venoit à confusion du costé de la Heue: ce que l'on peut remarquer encor au vieil epy qui couure les cornes, dont les premiers couples se voient maintenant tout au haut du perré, & les derniers bien auant dans les sables, d'où l'on doit inferer que ces perrés sont beaucoup plus larges & plus hauts qu'ils n'estoient au commencement [illegible]; & partant qu'il en faudroit allonger les epys jusques à l'infiny, si tant est que la source de ces perrez soit inepuisable.

Mais parce qu'il en arriueroit vn plus grand dommage par l'éloignement qui se feroit du Port à la mer; il faut auoir recours à vn remede plus certain, & dont l'experience nous asseure d'vn fauorable succez. C'est celuy mesme sans doute que ces grands esprits, ces grands Ingenieurs ont trouué pour la derniere main que l'on doit mettre à la reparation de tous ces desordres.

Sans neantmoins vouloir rien entreprendre sur leur haute connoissance, je peus en ce rencontre suiure l'exemple de ces Pilotes qui prennent la conduite des plus grands vaisseaux de la main de leurs Capitaines, & des plus experimentez Nauigateurs qui en sont les maistres, afin de les mener le long des costes, ou les faire entrer dans les Ports qu'ils connoissent, & quoy que la profession que je faits maintenant me dispense de ces curieuses recherches de la nature & de l'Art; si est-ce qu'vn peu d'experience qui me reste encor de la mer, jointe à la connoissance que i'ay de la coste pour en estre proche voisin, peuuent authoriser mes sentimens sur vn dessein dont le succez doit estre tres-agreable au Roy & tres-vtile au Public. C'est pourquoy l'on ne peut manquer de donner des essais de sa connoissance quand il n'y a pour tout motif que le deuoir & l'inclination de seruir tous les deux.

Ie reuiens donc à ce premier principe que j'ay posé sur l'indication de la nature, que les plus aduisez Medecins suiuent toûjours à la cure de leurs malades, parce que cette bonne mere cherit si tendrement tout ce qui luy appartient, que dans sa nature mesme insensible, elle ne peut souffrir ny la dissipation, ny la perte de la moindre de ses parties : c'est ce qui fait que l'on a tant de peine d'éleuer ces lourdes masses de pierre qui suiuant leur inclination retournent toûjours à leur centre ; ce qui fait que le feu s'agite, brûle & deuore tout iusques à tant qu'il soit de retour dans sa sphere, que les airs creuent & fendent les entrailles de la terre pour attraper leur vuide, & que les eaux courent incessamment comme des vagabondes iusqu'à ce qu'elles soient rentrées dans le ventre de leur mere : de maniere que chaque chose recherche naturellement son centre comme chaque partie veut estre reünie à son tout.

De ce raisonnement i'infere qu'apres auoir fait voir la cause des desordres de ce Port par les indications que la mer & la terre nous font paroistre ; nous deuons en chercher le remede par les mesmes signes qu'il semble demander pour son restablissement : car ainsi que la nature malade n'appete que d'estre restituée en son entier pour auoir la santé: de mesme ce Haure nous fait connoistre qu'il doit estre remis en son premier estat pour recouurer sa bonté.

Et pour cét effet il faut commencer par la reparation de la digue qui partoit du pied de la Heue, & pointoit directement vers la mer entre le Soroest & l'Ouest, afin d'en tirer deux effects merueilleux.

Le premier sera que par l'opposition de cette digue tous les perrez qui sont amoncelez du costé du Nordest ne pourront plus passer du costé du Sues, comme il arriue toutefois & quantes que les vents depuis l'Oüest Noroest, iusques au Nord Nordest soufflent le long de ceste coste ; d'autant que par ce moyen ils seront repoussez ; & forcez à la longue de reprendre leur cours du mesme costé par les vents de Soroest & d'Oüest qui soufflent plus ordinairement que les autres.

Le second effect remettra le cours de la marée dans son premier canal pour venir de droict fil rincer & n'estoyer auec sa rapidité ordinaire, tout ce qu'elle trouuera de perré dans son passage, & par cét autre moyen l'ance qui se refera depuis cette digue iusques au musoir, sera plus enfoncée vers la terre pour seruir deschoüage au galet que le remoul de la marée y retiendra iusqu'à ce que les premiers vents qui souffleront en coste le poussent & l'eschoüent au plus haut du perré.

Si donc la reparation de cette digue produit de tels effects, la multiplicité des epys sera doresnauant inutile ; puisque deux ou trois suffiront à retenir tout le perré, qui seroit demeuré depuis cette digue iusques au musoir : car de croire que cette multiplicité soit absolument necessaire pour retenir tout le perré, l'experience & le raisonnement nous monstrent le contraire, parce que si tost que le premier de ces epys en est chargé, le second reçoit le surplus, comme le troisiéme lequel pour en auoir encor trop le répand sur les autres iusques au dernier qui le décharge enfin dans le Port, de maniere qu'vn seul feroit le mesme effect que trois, puis qu'il faut que tost ou tard tout ce dégorgement de galets passe au delà du Havre : C'est pourquoy cette longue traisnée d'espis n'a esté raisonnablement faite que sur vne legere crainte de la mer qui brisant entre deux espys trop esloignez l'vn de l'autre pouuoit faire ouuerture aux perrez, ainsi qu'il est aduenu

de

de toute memoire depuis vingt ans vne fois seulement, par vne grosse mer de Mars, laquelle poussée d'vn aussi furieux vent d'Oüest perça les perrez entre l'epy des Flamens & le premier des cornes, & par vn mesme flot vint deschausser iusqu'au pied des moulins tout le perré qu'elle entraisna du costé du Sues, ce qui fut cause que l'on fit faire l'épy neuf qui couure maintenant ces moulins, & allonger les autres afin d'y remettre du perré.

Mais ce remede fut bien pis que le mal, car au rapport de ceux qui le virent, & qui s'en peuuent souuenir iamais le port ne fut meilleur que lors que tous ces epys n'estoient point encor chargez de galet. D'où nous deuons conclurre que pour le remettre en bon estat il faut leuer tous ces obstacles qui ne seruent plus qu'à rompre le fil de la marée dont le remoüil causé par cette opposition fait arrester tout ce qui vient de perré au dedans du musoir.

Et pour donner la derniere conuiction à ce raisonnement, il ne faut que considerer le lieu sur lequel les cornes sont basties, & combien de perrez s'est amassé au dehors depuis qu'elles sont faites, pour faire voir que tout le terroir sur lequel elles sont assises n'est autre chose que du galet que la mer y a autrefois apporté, & que celuy qui luy sert maintenant de bord, n'a esté retenu que par ces nouueaux epys que l'on a faits en partie pour conseruer ces Ouurages: Comme aussi pour la crainte de quelque nouuelle irruption de la mer, quoy qu'auparauant il n'en soit arriué aucun dommage, & que cette précaution neantmoins soit tout à fait prejudiciable: car toutes les pointes de ces espys qui s'aduancent iusqu'au niueau du musoir, & l'augmentation des couples que l'on a joints au grand espy des cornes, font entre deux le dedans d'vn coudé, où la marée mortit, & laisse le galet à la discretion des vents qui le poussent iusqu'au dedans du Haure.

C'est pourquoy ne demandons plus d'où viennent tous ces desordres, puisque nous auons passé les bornes que nos Anciens nous auoient prescrit pour entretenir ce Port aussi nauigable que leur longue experience l'auoit fait faire.

Ce n'est pas que ie vueille blâmer les entrepreneurs de ces ouurages, non plus que les peines de ceux qui s'y employent tous les iours, ie veux bien croire qu'ils formoient leurs desseins à la portée de leur connoissance, & que leur intention a tousiours esté meilleure que le succez : Mais à dire le vray tous ces trauaux ressemblent à l'Isle d'Ægine, qu'vn grand Capitaine de la Grece disoit estre vne paille à l'œil du Port d'Athenes, & sans aller si loing qu'ils n'ont pas plus d'effect que ces emplastres qui seruent seulement pour couurir & entretenir leurs playes.

Il faut donc enfin coupper le pied au mal, & pour vn souuerain remede racourcir le grand epy des Cornes, pour delà tirer vne palissade iusques au musoir, afin que cette iettée de pieux & de planches serue comme de rempart à retenir le galet qui sera renfermé du costé de la terre, & de l'autre s'opposé à la mer pour éuiter la crainte seulement de son irruption.

Et d'autant qu'elle doit estre plus auancée vers l'eau par le bout du musoir, que non pas de l'épy, la marée qui viendra de droict fil par la pointe de la Heue, la rencontrera de biais & de force pour entraisner tout le galet qui pourroit s'estre arresté au pied, si bien qu'en peu de temps la source de ces perrez venant à s'épuiser, le canal reprendra son premier cours par le moyen des barres qu'il faut incessamment lascher, iusqu'à ce que l'on voye comme autrefois que la mer vienne dans sa basse eau toucher le pied du musoir, ce qui sera la marque assurée de la bonté du port.

Voila succinctement & à peu de frais, ce que ie crois estre necessaire pour le restablissement du Havre, & dont on peut faire l'essay deuãt que d'entreprendre de plus grands trauaux, puis qu'aussi bien il faudra tousiours commencer par ceux-cy.

Cependant nous ne pouuons assez loüer les bons aduis de ceux qui ont conseillé de faire enfoncer plus bas la platte forme du bassin, de mesmes que de faire passer la riuiere d'Harfleur par le pied des costes de ce riuage pour venir doucement s'insinuer dans ce port, & en chemin faisant rafreschir & donner la verdure à des prairies que la mer à bruslées & rendues steriles iusqu'à present. Ce canal va faire plus couler d'or au Havre, que le Pactole n'en iette sur ses bords: & la meschanique s'en seruira si vtilement pour ses ouurages qu'elle rendra plus de profit à ses manœuures, & aux marchands que la Platte n'enuoye d'argent tous les ans en Espagne, enfin on verra l'abondance où tout auparauant n'estoit qu'indigence & sterilité.

Ce sont là des effects du genie de ce sage Ministre qui voulant restablir le Commerce fait commencer par les manefactures du pays, afin de se passer des Estrangeres.

De cette sorte agit autrefois Pericles & fit voir que par ceste mechanique il estoit aussi grand politique, comme General d'armée, parce qu'apres auoir employé toutes les forces de la Grece pour chasser les barbares qui l'estoient venus saccager: il entreprit de continuer la guerre auec les armes seules des Atheniens, & par ce moyen se rendit le maistre des deniers de contribution que l'on auoit leuez sur tous les alliez: mais il en sceut si bien vser que de tous les trauaux qu'il entreprit pour la decoration de la ville d'Athenes son pays, & ses compatriotes en receurent tous seuls le profit: car ainsi qu'vn pere de famille fait subsister ses domestiques selon les charges, & les employs qu'ils ont dans sa maison: il trouua le secret de faire gagner cet espargne par autant de corps de Mestiers & de manœuures qui se trouuerent dans toute l'Attique.

De sorte que par cette œconomie tout le peuple receuoit gages du Public, & la Ville se nourrissoit en s'embellissant d'elle-mesme par ces magnifiques trauaux. Ce qui donna tant de satisfaction à ce grand Personnage qu'il offrit de payer à ses frais toute cette dépense, pourueu que son nom seul fust graué sur le frontispice de ces Ouurages. (Vertueux exemple & digne d'admiration) c'est pourquoy nous serions les plus ingrats de toute la France, si quand tous ces beaux trauaux que l'on prepare seront faits, nous ne grauions au fond de nos cœurs, & sur des memoires de bronze (que de la magnificence de LOVYS AVGVSTE nostre Roy Dieu donné) pour gratifier aux merites de Monsieur le Duc de S. Agnan Gouuerneur de cette Ville, suiuant les bons conseils de son sage Ministre Monsieur Colbert, & par les soins assidus de Monsieur Berrier, ce Port, ces epys, & ce bassin ont esté reparez; & toutes ces Royales entreprises heureusement acheuées, afin que la posterité benisse à jamais l'Illustre Nom du Prince, & que par l'objet de tous ces beaux trauaux elle rende à perpetuité les marques de sa reconnoissance à la memoire de ces trois bien-faicteurs.

Ce n'est pas que cette forte place n'aye beaucoup contribué à se rendre digne de tant de faueurs: car comme elle est maintenant la fille vnique d'vn grand Roy, son cœur & ses actiōs ont toûjours esté Royales; & quoy que le desordre des guerres Ciuiles la mit autrefois entre les mains d'Elizabeth d'Angleterre: ce ne fut neantmoins qu'à force & pour seruir de depost à l'execution de la bonne foy des deux partis: mais elle en conceut tant de chagrin & de tristesse qu'elle en voulut mourir de soif & de faim, & cessant que la peste suruint pour en chasser les troupes du Comte de Varuvic, sans doute que

que cette Royale prisonniere fust morte de regret de se voir arrestée sous vne puissance Estrangere.

Aussi depuis qu'elle a repris sa liberté pour euiter vn pareil malheur, elle s'est fait toûjours garder sous la fidelité d'vn Gouuerneur qui soit autant à elle comme au Roy mesme pour rendre leurs interests communs & inseparables. C'est pourquoy,

MONSEIGNEVR,

Iugez de là combien vous auez d'interests à faire valoir le sien, puis que l'vn & l'autre sont si fort attachez à celuy du Roy, que tous les trois ensemble ne font qu'vne ame pour animer vn si beau corps : mais parce que nous auons l'honneur d'entrer d'vne petite partie à faire vne si belle vnion, nous supplions vostre Grandeur de faire connoistre à Sa Majesté, les inclinations toutes particulieres que cette Ville a toûjours euë pour son seruice, quoy que nous ne pretendons pas faire passer nos deuoirs pour merites : mais nous voulons dire, comme il est glorieux a vn grand Prince d'aimer & de gratifier ses subjects, qu'il nous est aussi naturel de luy obeyr par amour que de l'aymer par reconnoissance.

Fautes suruenuës en l'Impression par l'absence de l'Autheur.

Page 7. ligne 26. le Port, lisez ce Port. pag. 9. lig. 9. vicieuse, lisez visqueuse, ligne 27. auec luy, lisez auec soy, pag. 10. lig. 11. Soüest, lisez Sudoüest.

www.ingramcontent.com/pod-product-compliance
Lightning Source LLC
LaVergne TN
LVHW020455230826
846091LV00008BA/3218

* 9 7 8 2 0 1 3 6 2 3 3 8 4 *